CATALOGUE

DE

PORCELAINES

DE CHINE

TRÈS-BELLE QUALITÉ ANCIENNE

Émaux cloisonnés, Objets en jade et en matières précieuses,
Laque de Chine et du Japon, Bijoux en argent, Orfévrerie chinoise
et quantité d'Objets variés,

DONT LA VENTE AUX ENCHÈRES PUBLIQUES AURA LIEU

HOTEL DES VENTES, RUE DROUOT, 5

SALLE N° 4

Le Vendredi 22 Mars 1861,

A UNE HEURE.

Par le ministère de Mᵉ **CHARLES PILLET**, Commissaire-Priseur,
rue de Choiseul, 11,
Assisté de M. **ROUSSEL**, Expert, rue de Moncey, 16,
Chez lesquels se distribue le présent Catalogue.

EXPOSITION PUBLIQUE

LE JEUDI 21 MARS 1861,

DE MIDI A CINQ HEURES.

PARIS. IMPRIMERIE DE PILLET FILS AÎNÉ
RUE DES GRANDS-AUGUSTINS, 5.

1861

CATALOGUE

DE

PORCELAINES

DE CHINE

TRÈS-BELLE QUALITÉ ANCIENNE

Émaux cloisonnés, Objets en jade et en matières précieuses,
Laque de Chine et du Japon, Bijoux en argent, Orfévrerie chinoise
et quantité d'Objets variés,

DONT LA VENTE AUX ENCHÈRES PUBLIQUES AURA LIEU

HOTEL DES VENTES, RUE DROUOT, 5

SALLE N° 4

Le Vendredi 22 Mars 1861,

A UNE HEURE.

Par le ministère de Mᵉ **CHARLES PILLET**, Commissaire-Priseur,
rue de Choiseul, 11,
Assisté de M. **ROUSSEL**, Expert, rue de Moncey, 16,
Chez lesquels se distribue le présent Catalogue.

EXPOSITION PUBLIQUE

LE JEUDI 21 MARS 1861,

DE MIDI A CINQ HEURES.

PARIS. IMPRIMERIE DE PILLET FILS AÎNÉ
RUE DES GRANDS AUGUSTINS, 5.

1861

CONDITIONS DE LA VENTE

Elle sera faite au comptant.

Les adjudicataires payeront cinq pour cent en sus des enchères, applicables aux frais.

DÉSIGNATION

DES OBJETS

1 — Très-belle jardinière en porcelaine céladon violet et bleu turquoise, dont le décor de fleurs légèrement en creux est exécuté à la manière du décor des laques coromandels, pièce rare et de belle qualité ancienne. Haut., 25 cent. Diam., 41 cent.

2 — Bassin de jardinière de forme rectangulaire en porcelaine céladon violet et bleu turquoise du même décor que la pièce précédente.

3 — Petite jardinière de forme rectangulaire avec plateau de même forme, en porcelaine céladon bleu turquoise uni, très-belle qualité, avec socle couvert en étoffe de soie.

4 — Deux chimères en regard, porcelaine céladon jaune rehaussé de couleurs variées. Haut., 20 cent.; long., 17 cent.

5 — Vase en forme de canard, porcelaine de Chine, décoré au naturel. Haut., 15 cent.; long., 17 cent.

6 — Vase en céladon craquelé brun, décoré de bandes d'ornements imitant la vannerie, émaillé en brun : cette pièce est d'une belle qualité ancienne. Haut., 19 cent. Avec pied en bois de fer sculpté.

7 — Autre vase en céladon craquelé, décor analogue au précédent ; la panse est ornée de tiges de bambous. Haut., 17 cent. Avec socle en bois de fer sculpté.

8 — Vase en céladon craquelé gris, décoré de branches de fleurs de pêcher en camaïeu bleu. Haut., 32 cent.

9 — Vase à deux anses formés par des chimères, porcelaine céladon craquelé gris; la panse est décorée d'un bouquet de fleurs en camaïeu bleu. Haut., 35 cent. Socle en bois de fer sculpté.

10 — Vase à huit pans, porcelaine céladon à larges craquelures, gris verdâtre. Haut., 29 cent.

11 — Vase forme potiche de forme surbaissée, porcelaine céladon jaune uni. Haut., 22 cent.

12 — Vase forme amphore, porcelaine de Chine, richement décorée de fleurs et d'oiseaux, en couleurs vives et variées, très-belle qualité. Haut., 33 cent.

13 — Vase forme de bouteille d'un décor analogue au précé-
cédent. Haut., 47 cent.

14 — Beau vase forme bouteille en porcelaine céladon bleu
turquoise jaspé blanc et vert; très-belle pièce. Haut.,
28 cent. Socle en bois de fer.

15 — Très-beau vase forme bouteille fond blanc, richement
décoré de fleurs et d'oiseaux d'une grande perfection
d'exécution. Haut., 39 cent. Socle en bois de fer.

16 — Vase de forme cylindrique fond blanc, décor de fleurs
en camaïeu bleu. Haut., 39 cent.

17 — Vase forme bouteille, porcelaine céladon d'un craquelé
très-fin, bleu turquoise jaspé de bleu foncé, très-
belle qualité. Haut. 33 cent.

18 — Vase forme potiche à goulot étroit fond blanc et dessins camaïeu bleu de fleurs et d'oiseaux. (Restauré).
Haut., 32 cent.

19 — Vase porcelaine céladon craquelé très-fin, bleu turquoise, jaspé de violet. Haut., 33 cent. Sur pied en
bois.

20 — Très-beau vase céladon vert d'eau à dessins gaufrés
sous l'émail; pièce remarquable par l'élégance de la
forme et la beauté de l'émail. Haut., 47 cent.

21 — Vase de forme cylindrique fond blanc décoré d'un sujet chinois fort curieux. Haut., 47 cent. Qualité très-ancienne.

22 — Vase à deux anses et de belle forme porcelaine céladon bleu turquoise légèrement craquelé, très-belle qualité. Haut., 34 cent. Avec socle en bois de fer sculpté.

23 — Belle paire de vases de forme cylindrique décorés de sujets chinois dont les personnages sont vêtus de costumes des plus anciens. Haut., 45 cent. Sur socle en bois de fer sculpté.

24 — Petit vase forme potiche bleu turquoise légèrement jaspé. Haut., 20 cent. Sur socle en bois de fer.

25 — Jardinière forme surbaissée à large ouverture, céladon bleu turquoise à craquelures très-fines et bien uniformes, sur pied en bois de fer. Haut., 13 cent.

26 — Vase forme potiche, porcelaine céladon bleu turquoise verdâtre. Haut., 24 cent. Sur pied en bois de fer.

27 — Autre vase de forme élégante, porcelaine céladon craquelé bleu turquoise, sur pied en bois de fer. Haut., 32 cent.

28 — Beau vase forme potiche avec couvercle décoré d'un sujet chinois, représentant une audience de l'Empereur. Haut., 35 cent. Très-beau pied en bois sculpté.

29 — Vase de très-belle forme, décoré de papillons et de
fleurs en couleurs variées sur fond cannetillé en
brun, très-belle qualité, pied en bois. Haut., 40 cent.

30 — Beau vase porcelaine de Chine fond blanc, décoré d'un
sujet très-curieux représentant des personnages de la
mythologie chinoise, peinture très-fine. Haut., 39
cent. Avec pied en bois sculpté.

31 — Vase de forme cylindrique, décoré de peintures représentant la fête du Nénuphar en présence de l'Empereur et de l'Impératrice. Avec socle en bois de fer.
Haut., 44 cent.

32 — Autre vase de même forme, décor en camaïeu rouge,
orné de médaillons, de fleurs et d'animaux; avec pied
en bois de fer. Haut., 44 cent.

33 — Autre vase à peu près de même forme, avec sujet représentant la vision d'un rêve de S. M. l'Empereur;
composition d'un grand nombre de figures et d'une
très-belle exécution de peinture; pied en bois de fer
sculpté. Haut., 44 cent.

34 — Beau vase de forme cylindrique, fond rouge, semé de
fleurs, en couleurs variées et orné de médaillons
fond blanc et de branches de fleurs. Ce vase précieux
est d'une qualité rare. Haut., 47 cent. Avec socle en
bois de fer sculpté.

35 — Autre vase de même forme porcelaine fond blanc,
décoré d'ustensiles, vases à parfums et vases de
fleurs, émaillé en relief des plus belles couleurs et
rehaussé d'or; vase très-précieux et rare. Haut., 45
cent. Avec pied en bois sculpté.

36 — Très-beau vase forme potiche fond noir au grand feu,
décoré d'un sujet représentant un combat de cava-
liers dans les montagnes; avec pied en bois sculpté.
Haut., 47 cent.

37 — Vase de forme cylindrique, céladon bleu clair légèrement jaspé, décor à camaïeu d'or. Haut., 44 cent.
Avec pied en bois sculpté.

38 — Vase forme potiche, décoré d'un sujet de mythologie
chinoise; qualité très-ancienne. Haut., 36 cent. Avec
pied en bois de fer.

39 — Beau vase de forme élancée, céladon bleu clair jaspé,
décoré de poissons rouges. Haut., 46 cent. Avec pied
en bois de fer sculpté et découpé à jour.

40 — Autre vase de même forme, céladon bleu clair jaspé,
décor en camaïeu d'or représentant une pagode et
de nombreuses sentences en caractères du pays, avec
signe de la longévité. Haut., 42 cent. Socle en bois
de fer.

41 — Vase forme potiche, décor en camaïeu bleu, figurant
deux poissons accolés. Haut., 39 cent.

42 — Vase potiche, décor en camaïeu rouge et bleu, figurant des dragons et des nuages. Haut., 34 cent. Socle en bois de fer.

43 — Vase forme bouteille céladon bleu turquoise. Haut., 31 cent. Avec socle en bois de fer.

44 — Jardinière de forme évasée, céladon bleu turquoise, finement craquelée, très-belle qualité. Haut., 15 cent.; diam., 24 cent. Pied en bois de fer.

45 — Autre jardinière de même forme, céladon bleu turquoise verdâtre. Haut., 15 cent.; diam., 25 cent. Pied en bois de fer.

46 — Grand bassin en porcelaine céladon bleu turquoise uni, pièce remarquable par sa grande dimension. Diam., 53 cent.

47 — Petit vase céladon craquelé, belle qualité ancienne, décoré d'ornements en relief émaillés de brun. Haut., 25 cent. Avec socle en bois de fer.

48 — Autre vase plus petit de même qualité et décor. Haut., 18 cent.; avec pied en bois de fer.

49 — Vase de forme surbaissée, céladon craquelé, orné de deux mascarons; socle en bois de fer.

50 — Deux tasses, céladon craquelé, décorées de dragons en camaïeu bleu.

51 — Poussa accroupi, céladon craquelé très-fin dans sa boîte de voyage garnie en soie.

52 — Animal chimérique en terre émaillée. Haut. 30 cent.; avec pied en bois sculpté.

53 — Deux jolies chimères en pendant, céladon de diverses couleurs, de très-belle qualité. Haut. 17 cent.

54 — Grand vase à deux anses formé de têtes d'animaux chimériques, porcelaine céladon bleu-clair, avec décor en camaïeu jaune verdâtre en relief, qualité rare, avec pied en bois de fer. Haut. 59 cent. (restaurée).

55 — Vase à deux anses, porcelaine bleu turquoise avec ornement en relief. Haut. 21 cent.; avec socle en bois.

56 — Dix-sept petits bols et soucoupes, en porcelaine céladon craquelé-fleuri, d'un décor très-riche en émaux de couleur.

57 — Deux compotiers ronds, richement décorés de fleurs, de qualité très-ancienne.

58 — Petits plats décorés d'animaux et d'arabesques.

59 — Trois plats décorés d'arbrisseaux et de fleurs, très-belle qualité ancienne.

60 — Trois grands plats décorés de plantes et d'oiseaux aquatiques. Diam. 47 cent.

61 — Sept jolies petites coupes, en porcelaine du Japon, de
grande finesse, décorées de poissons ; le centre re-
présente une tortue en relief.

62 — Bol en porcelaine du Japon, décoré de fleurs.

63 — Deux grands vases forme rectangulaire, décor camaïeu
bleu. Haut. 54 cent.

64 — Très-grand vase en porcelaine de Chine moderne, décoré de fleurs avec médaillons, sujet de combat. Haut.
90 cent.

65 — Deux vases forme bouteille et à deux anses, décor en
camaïeu bleu. Haut. 41 cent.

66 — Deux vases en porcelaine de Chine vert d'eau, décorés
de sujets de combat et autres de la vie privée. Haut.
60 cent.

ÉMAIL CLOISONNÉ DE CHINE

67 — Belle garniture de trois pièces, composée :

D'un brule-parfums à deux anses avec couvercle ;
les trois pieds sont formés par des têtes d'animaux
chimériques ; un vase renfermant des bâtonnets et
une petite pelle pour les parfums ; une boîte à parfums.

Ces trois pièces, fond bleu turquoise, sont riche-

ment décorées d'arabesques en couleurs variées et
reposent sur un pied à étagère en bois de fer sculpté
et découpé à jour.

68 — Grand vase de forme élancée, fond bleu turquoise, décor de style antique en émaux de couleur. Haut.,
59 cent.

69 — Beau vase à deux anses formées par des oiseaux perchés
sur des tiges de bambou, décor de fleurs très-riches
sur fond bleu turquoise. Haut. 29 cent.; socle en bois
de fer sculpté, découpé à jour.

70 — Couteau chinois à manche de jade blanc, le fourreau
en émail cloisonné, fond bleu turquoise, décor en
émaux de couleurs très-harmonieuses.

LAQUES DE CHINE

71 — Belle corbeille à fleurs en laque rouge sculpté, représentant des fleurs et des médaillons à sujet ; elle est
suspendue à un support en bois de fer decoupé à
jour.

72 — Très-belle cantine en laque du Japon, fond aventurine,
à dessins d'or en relief, représentant des sujets de la
vie privée ; travail très-précieux.

JADES ET MATIÈRES PRÉCIEUSES

73 — Coupe ronde en jade vert : à l'intérieur on remarque des plantes aquatiques sculptées en relief. Diam. 14 cent.; avec pied en bois de fer.

74 — Autre coupe en jade vert uni, pied en bois de fer découpé à jour. Diam. 14 cent.

75 — Petit vase à eau figurant un groupe de fruits avec branchages et pied en bois de fer sculpté.

76 — Beau vase jade vert clair à deux anses avec couvercle ; le tout entièrement évidé dans la masse; la panse est ornée de sculptures en relief d'un travail délicat. Haut. 15 cent.

77 — Grand vase en forme de gourde aplatie à deux anses avec anneaux mobiles, en jade vert; la panse et le couvercle sont décorés de branchages de fleurs sculptés dans la masse. Cette pièce, remarquable par son volume, repose sur un socle en émail cloisonné d'une grande richesse de décoration. Haut. 34 cent.; larg. 22 cent.

78 — Vase de forme rectangulaire aplatie, avec couvercle et anses évidés dans la masse, décoré de chimères en sculpture de ronde-bosse. Haut., 24 cent.; sur socle en bois de fer sculpté et découpé à jour.

79 — Déesse des eaux, naviguant sur un tronc d'arbre, qui porte aussi le vase symbolique : le tout évidé dans la masse en beau jade vert, avec socle en bois de fer sculpté.

80 — Deux flambeaux en jade vert formés par deux oiseaux aquatiques qui supportent les lumières, sur pied en bois de fer sculpté et découpé à jour.

81 — Vase en jade vert d'eau, avec couvercle, et figurant un groupe de fruits ; pièce remarquable par son volume et par le fini du travail ; pied en bois de fer sculpté et découpé à jour.

82 — Coupe en agate orientale, figurant un fruit avec sa branche, sur pied en bois sculpté.

83 — Plateau forme lozange en agate orientale mamelonnée, avec support en bois de fer sculpté.

84 — Porte-bouquet formé de deux poissons accolés, délicatement sculptés dans une masse partie jade et partie serpentine, mélange curieux des deux substances.

OBJETS DIVERS

85 — Très-beau vase à deux anses formé par des têtes d'animaux chimériques en argent émaillé bleu lapis, imitant parfaitement cette matière précieuse ; le couvercle est surmonté d'une figurine.

86 — Petit écran mosaïque en relief de laque et d'ivoire sur fond de laque, pied en bois de fer.

87 — Boîte à plusieurs compartiments superposés, avec supports, couvercles et anses, décorée de branches de fleurs, mosaïque en relief, en nacre de perle, bois et ivoire.

88 — Plusieurs épingles de tête, bandeaux, diadèmes. boucles d'oreilles et autres objets servant à la toilette des dames chinoises; bijouterie très-fine, recouverte de plumes d'oiseaux d'un travail très-précieux.

89 — Sculpture de haut relief en ivoire représentant des personnages et des arbres.

90 — Figurine chinoise en ivoire représentant Confucius debout avec les animaux symboliques.

91 — Poisson et une chauve-souris en argent repoussé, travail très-curieux.

92 — Deux paires de bracelets en argent ornées de têtes d'animaux chimériques.

93 — Crapaud à trois pattes, sculptés dans un bloc de turquoise.

94 — Dix-neuf pièces en argent repoussé et ciselé, boîte à opium et amulettes de formes variées.

95 — Quatorze autres pièces du même genre, les unes en or,
les autres en argent doré.

96 — Vase en bronze de forme rectangulaire, à quatre pieds
élevés, couvert d'ornements en relief, avec incrusta-
tions en argent et appliques en or ; couvercle et pied
en bois de fer.

97 — Deux coupes en jade gris à cannelures disposées en
rayons imitant une fleur, travail d'une grande délica-
tesse et d'une régularité remarquable ; pied en bois
de fer sculpté et découpé à jour.

98 — Grand nombre de pieds en bois de fer sculptés, variés
de formes et d'ornementations.

(Ils seront vendus par lots.)

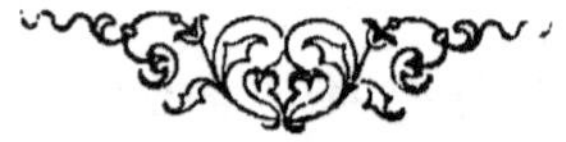